《編成と使用音域》

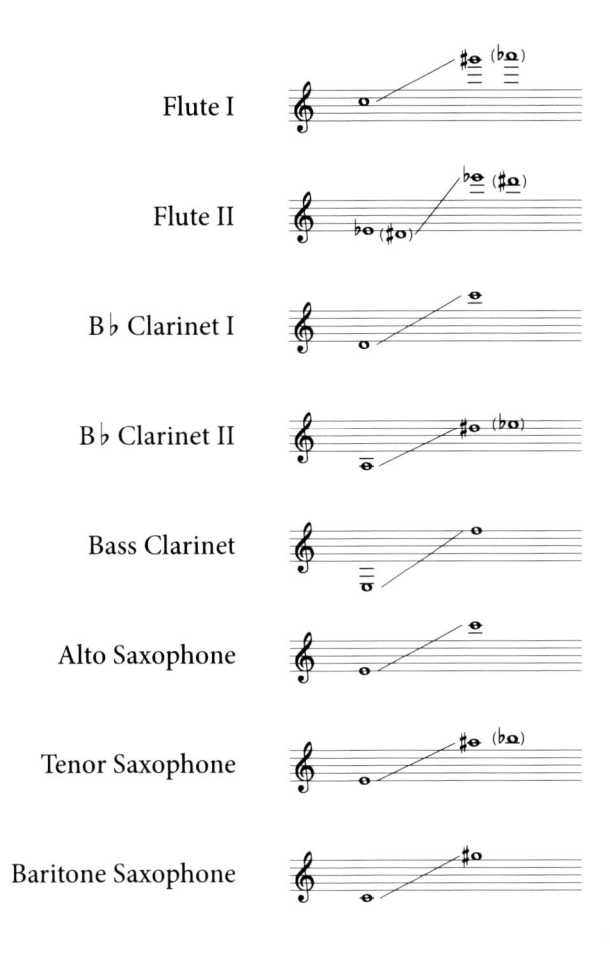

Flute I

Flute II

B♭ Clarinet I

B♭ Clarinet II

Bass Clarinet

Alto Saxophone

Tenor Saxophone

Baritone Saxophone

《楽曲について》

『エンターテイナー』をはじめ、数多くのコミカルで楽しげな楽曲を遺している S. ジョプリン。中でもピアノのために書かれたこの曲は、演奏者としても聴衆者としても、とても演奏し応え、聴き応えがあり、自然と笑みが溢れるような楽しいラグナンバーです。

ピアノだと表打ち、裏打ちを左手で、複数の旋律やハーモニーを右手で、両手同時に演奏する難易度の高い楽曲ですが、アンサンブルの場合、パズルのように一つひとつの音を組み合わせて作り上げるので、自分のパートの役割が把握しやすく、楽しみながら協調性やテンポ感が養えるでしょう。

《演奏アドバイス》

色々なパートにメロディが振り分けられています。自分が今メロディを演奏しているのか、伴奏を演奏しているのか、よく把握しましょう。特に 7 小節目や 18 小節目以降など、メロディが複数の楽器に移り変わっていく箇所などは、自分のパートだけでなく他の人のパートも意識して、メロディが繋がるよう心がけてください。

スタッカートがついている音符とついていない音符の差を考えて演奏しましょう。

ダイナミクス（*mp* や *ff* など）をしっかり意識して、単に音量の差をつけるだけでなく、表現に幅を持たせましょう。原曲ではスウィングは指定されていないのですが、演奏バリエーションとして、スウィングしてみるのも面白いかも知れません。

（鹿野草平）

メイプル・リーフ・ラグ
Maple Leaf Rag

スコット・ジョプリン 作曲／鹿野草平 編曲

Flute I

メイプル・リーフ・ラグ
Maple Leaf Rag

スコット・ジョプリン 作曲／鹿野草平 編曲

Flute II

メイプル・リーフ・ラグ
Maple Leaf Rag

スコット・ジョプリン 作曲／鹿野草平 編曲

メイプル・リーフ・ラグ
Maple Leaf Rag

スコット・ジョプリン 作曲／鹿野草平 編曲

Tempo di Marcia

メイプル・リーフ・ラグ

Maple Leaf Rag

スコット・ジョプリン 作曲／鹿野草平 編曲

Bass Clarinet

メイプル・リーフ・ラグ
Maple Leaf Rag

スコット・ジョプリン 作曲／鹿野草平 編曲

Alto Saxophone

メイプル・リーフ・ラグ

Maple Leaf Rag

スコット・ジョプリン 作曲／鹿野草平 編曲

Tempo di Marcia

Tenor Saxophone

メイプル・リーフ・ラグ
Maple Leaf Rag

スコット・ジョプリン 作曲／鹿野草平 編曲

Baritone Saxophone

メイプル・リーフ・ラグ
Maple Leaf Rag

スコット・ジョプリン 作曲／鹿野草平 編曲

8

9